¿QUÉ ES LA SANTIFICACIÓN?

¿QUÉ ES LA SANTIFICACIÓN?

Leslie Parrott

cnp

CASA NAZARENA DE PUBLICACIONES

Kansas City, Missouri, E.U.A.

Publicado por
Casa Nazarena de Publicaciones
P.O. Box 419527
Kansas City, Missouri 64141
EEUU

Reimpresión, 2008

Originalmente publicado en inglés con el título:

What is Sanctification?
por Leslie Parrot
Copyright © 1979
Beacon Hill Press of Kansas City
A Division of Nazarene Publishing House
Kansas City, Missouri 64109 USA
All rights reserved.

Esta edición se publica de acuerdo con
Nazarene Publishing House.
Todos los derechos reservados

ISBN 978-1-56344-282-7

Traductora: Robert E. Pittam

Contenido

Prefacio

Aunque la santificación es la doctrina distintiva de nuestra iglesia, hay muchas personas sinceras en nuestras congregaciones luchando con la carnalidad en sus vidas. Aparentemente no han entendido el plan de Dios para la "pureza y el poder".

Con el fin de ayudar a estas personas he escrito desde este punto de vista: Que el lector no sabe nada tocante a la santificación. Imaginándome que no sé nada en cuanto a la santificación, me he formulado todas las preguntas que pudieran llegar a mi mente. Sé que algunas casas de publicaciones nos han dado muchas discusiones eruditas sobre la santificación, pero en estas páginas he tratado de dar respuestas sencillas a estas preguntas elementales.

Ya que la mayor parte de este material ha venido de mi propia experiencia, quiero expresar mi reconocimiento a los muchos que han contribuido, a sabiendas o sin saber, en este manuscrito por medio de su testimonio o conducta.

Estoy grandemente endeudado a Richard Taylor por su ayuda en definir la carnalidad; al superintendente general Hardy C. Powers por su consejo sabio; y a mis padres, doctor A. L. Parrott y esposa, quienes por su ejemplo cristiano durante mi lucha para obtener la santificación, me aseguraban que la santificación puede ser vivida.

—Leslie Parrott

Salem, Oregon
1949

Un Nuevo Prefacio

Hace más de 30 años recibí al Espíritu Santo en mi vida con su poder santificador. No fue fácil para mí, debido a mi insistencia en el dilema de lo que era una contradicción entre la teología de la santidad y la experiencia de la santificación. Me molestaba especialmente la inconsistencia de cristianos que llegué a conocer que profesaban ser santificados y creían en el concepto teológico de la erradicación.

Finalmente, una noche en el pequeño apartamento de un segundo piso cerca de la Universidad Willamette, en Salem, Oregon, en donde era un estudiante de postgrado, me encontraba de rodillas orando y con mi Biblia abierta sobre mi cama, las páginas estaban húmedas con mis lágrimas. Dentro de mi profunda frustración espiritual clamé: "Amante Señor, si no hubiera nadie en la iglesia que fuera santificado, yo sigo creyendo en la experiencia que nos enseña el Nuevo Testamento y quiero ser enteramente santificado, ahora mismo."

Aquella noche, el Espíritu Santo de Dios vino a mi vida en una manera que no he podido olvidar y con una presencia que ha sido real en mí hasta hoy. La victoria espiritual en mi vida principió realmente desde el día en que Dios me santificó, en lugar del día de mi conversión. Esto se debe en parte a que fui salvo en mi niñez y nunca caí en los vicios populares del mundo. La derrota espiritual en mi vida vino debido a los pecados del espíritu, y no de las pasiones de la carne. Fue durante mi santificación completa que los problemas de resentimiento, lástima de mí mismo, ser negativo, y otras manifestaciones de mi naturaleza pecaminosa que me dominaban se transformaron en una gloriosa vida en el espíritu, al ver que la carnalidad (la condición del pecado en la voluntad) fue erradicada y una nueva Presencia se posesionó de mí.

Del gozo en esta vida maravillosa, escribí, *¿Qué Es la Santificación?* esperando ayudar a otros a que experimenten esta misma gracia en el Espíritu Santo.

Ahora, después de haber sido impreso 14 veces se me ha pedido que vuelva a radactar el manuscristo para una nueva edición. Debido a que tengo más experiencia como escritor, espero ser también un mejor escritor. Si fuera a escribir este manuscrito desde el principio, estoy seguro que usaría menos comillas y comas, y seguramente cambiaría algunos términos arcaicos. Pero como hay un dejo de vitalidad en mis sentimientos en el estilo, dado que escribí en mi juventud, he decidido no alterar lo que escribí en 1949.

Sin embargo, después de todos estos años no he pensado siquiera el cambiar el contenido de estas páginas. Sigo creyendo en la santificación y la experimento en la forma como lo he descrito en estas páginas. Ahora entiendo mejor la teología y la experiencia ha sido puesta a prueba en maneras que nunca lo esperé. Pero es la misma teología y la misma experiencia ahora como lo fue entonces.

Así que, aquí está el manuscrito justamente como lo escribí a mano hace más de 30 años. Les entrego estas páginas con la oración de que también conozcan el gozo completo de la presencia del Espíritu Santo.

—*Leslie Parrott*

Universidad Nazarena de Olivet
Kankakee, Illinois
2 de febrero, 1979

Introducción

Una razón por la cual el mensaje de la santidad ha prevalecido, se debe al hecho de que sus partidarios han sido escritores prolíficos. La gloriosa experiencia de la entera santificación va acompañada invariablemente por un deseo insaciable de compartir con otros las buenas nuevas de esa liberación espiritual.

La generación inmediatamente pasada produjo muchos escritores capaces en este tema. Hoy, se predice bien para el futuro del mensaje y del movimiento encontrar hombres, tales como el autor de este librito, que ha aceptado esta tarea importante.

El autor tiene muchas cualidades que indicarían que el tiempo que el lector gaste en leer estas páginas, será de mucho provecho; pero lo más importante es que las verdades contenidas en este mensaje han sido probadas en el yunque de la propia experiencia de Leslie Parrott.

Recomiendo este librito a todos los que tienen interés en la tierra de Canaán del amor perfecto.

—*Hardy C. Powers*
Superintendente General
Iglesia del Nazareno, 1944-68

"Les dijo [Pablo]: ¿Recibisteis el Espíritu Santo cuando creísteis? Y ellos [los efesios] le dijeron: ni siquiera hemos oído si hay Espíritu Santo". "Santifícalos en tu verdad; tu palabra es verdad." "Conoceréis la verdad, y la verdad os hará libres" (Hechos 19:2; Juan 17:17; Juan 8:32).

1

¿Qué Significa el Término Santificación?

Los que estudian la Biblia saben que el término *Santificación* es escritural. Las palabras *santificar, santificado, o santificación* han sido usadas 164 veces en la Palabra de Dios. En el Antiguo Testamento, las cosas eran santificadas. El monte Sinaí, en donde se le dieron las leyes a Moisés, fue santificado. El séptimo día fue santificado. El altar en el templo y el templo mismo fueron santificados.

En el Nuevo Testamento leemos que Cristo murió por nuestra santificación. "Por lo cual también Jesús, para santificar al pueblo mediante su propia sangre, padeció fuera de la puerta" (Hebreos 13:12). Cristo no solamente sufrió por nuestra limpieza, sino que inculcó en sus seguidores la urgencia de la santificación. En su última oración con ellos, antes de la crucifixión, rogó a su Padre: "No ruego que los quites del mundo, sino que los guardes del mal. No son del mundo, como tampoco yo soy del mundo. Santifícalos en tu verdad; tu palabra es verdad" (Juan 17:15-17). El propósito final de la muerte de Cristo fue que los creyentes fueran santificados.

Ahora, llegamos a la pregunta: "¿Qué quiere decir el término *santificación*?" En mi primer día como estudiante en la universidad, nuestro profesor de retórica nos dijo que para obtener el máximo beneficio de nuestra educación, debíamos comprar un buen diccionario. Después de esperar en una fila, salí de la librería de la universidad con un buen diccionario en la mano. Desde aquel entonces he aceptado este tomo como la autoridad en la definición de palabras. Todo el mundo lo ha aceptado como tal, y yo también.

Cuando busqué en el diccionario la definición de la palabra *santificar,* esta fue la que encontré: "Santificar es un verbo transitivo que significa hacer santo, limpiar de impureza, o pecado." Esta definición tiene mayor significado cuando observamos que no fue escrita por un teólogo de santidad, sino por un erudito cuyo interés era meramente definir el término. Como un verbo transitivo denota acción que cambia algo, una persona que es santificada por el Espíritu Santo es diferente de como era antes de ser santificada.

A través de las enseñanzas de Cristo y especialmente en el Sermón del Monte, Él enseñó que la salvación tenía dos aspectos. El antagonismo que Él levantó entre los escribas y fariseos en este punto fue una de las causas de su crucifixión. Ellos se consideraban a sí mismos "la aristocracia religiosa" de su día, pero aún así Jesús les dijo: "... si vuestra justicia no fuera mayor que la de los escribas y fariseos, no entraréis en el reino de los cielos" (Mateo 5:20). Estas personas eran miembros de la iglesia y asistían regularmente a ella. Tenían horas fijas durante el día cuando iban al templo a orar. Ayunaban ciertos días de la semana. Eran más estrictos en guardar el día de reposo que el cristiano típico de hoy.

¿Qué hay de malo en eso? Que su justicia era completamente externa. Manifestaban una bondad externa, pero en sus corazones había tinieblas. Puede que haya una demostración externa de justicia, pero Cristo demanda un cambio interno. "Os es necesario nacer de nuevo."

Así como la salvación tiene dos aspectos, también así lo es el pecado. Hay los actos visibles como robar, mentir, blasfemar, etc. Esos pecados son perdonados en la regeneración; pero todavía hay una condición interna que se "inclina hacia el pecado". La santificación le pone fin a esa condición. Usted puede haber sido perdonado de sus pecados como actos, pero no de la condición pecaminosa de su corazón; ésta tiene que ser limpiada. El mentir puede ser perdonado, pero no del espíritu engañoso que le hizo querer mentir; éste debe ser limpiado. Puede ser perdonado de las palabras dañinas que usted habló, pero no de los prejuicios sin razón que le forzaron a decir esas cosas; éstos tienen que ser limpiados. Cristo perdona los pecados, pero El limpia la condición pecaminosa del corazón.

La santificación es realmente la conclusión de la obra iniciada en la regeneración. Juan Wesley habló de los que habían sido salvos y no santificados como "meramente justificados". Dijo: "Todavía no se han apropiado todo lo que el Señor tiene para ellos." Este no fue un esfuerzo de Wesley de menospreciar la experiencia del nuevo nacimiento, sino de recalcar la siguiente experiencia que es la pureza del corazón.

La persona que ha sido salva y luego encuentra la luz en cuanto a la santificación canta:

Señor Jesús, anhelo ser perfecto.
Anhelo que para siempre mores en mi alma.
Quita todos los obstáculos; protégeme del
   enemigo.
Lávame ahora, y seré más blanco que la nieve.

La persona que ha sido salva, pero rehúsa entrar en la experiencia de la santificación debiera cantar:

Señor Jesús, anhelo ser parcialmente completo.
Quiero que sólo parte del tiempo mores en mi
   alma.
No me quites todos los obstáculos; no me
   defiendas por completo del enemigo.
Lávame un poquito; y seré algo más blanco
   que antes.

Se han predicado muchas normas de la santidad. Algunos dicen: "Si usted cierra la puerta de golpe, patea el gato, le habla con palabras ásperas a su esposa, no es santificado." ¡Por supuesto! Pero esa no es toda la verdad. Conozco a algunos que nunca han sido salvos que no harían esas cosas. Esa es una cuestión de ser "una dama o un caballero". Hay personas que por su naturaleza parece que nunca se enojan. Hablan suavemente y son agradables pero no hacen ninguna profesión de tener religión.

Hay los que dicen que los santificados se visten modestamente como conviene a un cristiano. ¡Es verdad! Sin embargo, hay una señora en nuestro vecindario que usa medias negras, pelo largo, no usa cosméticos, y no se adorna con joyas. Ella vende frutas los siete días a la semana, nunca asiste a la iglesia, ni intenta asistir, y puede blasfemar como un marinero embriagado a cualquier persona que le trastorne una de sus cajas de frutas. Ciertamente no podemos decir que ella es santificada.

Otros dicen que un santificado será leal a su iglesia por su asistencia regular y porque da su diezmo. Es verdad; pero los mormones nunca fuman, nunca toman café, té, ni licor, y asisten a la iglesia regularmente, siempre diezman, se sentirían insultados si les llamamos "los de la santidad".

La santificación va más allá de lo externo. Es más profunda que la manera de vestirse, los modismos, o la conducta. La santificación se centraliza en el corazón. La prueba de la santificación entonces es más que cerrar de golpe las puertas, lo largo de la falda, y el dar los diezmos. La prueba es esta: ¿Soy un ejemplo de Cristo en mi espíritu, mis actitudes, y mis motivos? Estoy seguro que usted ha visto a un adulto censurar a un adolescente cuando el espíritu que el adulto expresó fue peor que la mala conducta del joven. La santificación quita el espíritu de crítica, la actitud de pereza, el móvil erróneo, el mal carácter; y pone en su lugar el espíritu de amor divino.

En resumen: la santificación es la limpieza del corazón de una condición que se presta para lastimar el alma y el reino de Cristo. Una vez que el corazón ha sido purificado, el Espíritu de Cristo viene a morar en su plenitud.

No se engañe; el santificado no puede sentarse para deslizarse al cielo. Es lleno con el Espíritu, para que empiece a crecer en la gracia. Pero trataremos de eso bajo otra pregunta.

2

¿Es Necesaria la Santificación?

Jesús creía que la santificación era necesaria para sus discípulos. Si la iglesia de hoy designara 11 laicos, comisionándolos con toda la responsabilidad del cristianismo para el mundo, declararíamos ese acto como una locura. Menospreciando la idea, diríamos: "Es absurdo creer que 11 hombres pudieran evangelizar al mundo hoy." Estoy de acuerdo. Sin embargo, no es más ridículo para la iglesia de hoy en día poner "la evangelización del mundo" sobre los hombros de 11 hombres, que para Cristo llamar a un puñado de pescadores y mandarlos a todo el mundo para predicar el evangelio a toda criatura. El sabía que no estaban listos para ir. Primeramente, dijo El, "quedaos vosotros en la ciudad de Jerusalén, hasta que seáis investidos de poder desde lo alto" (Lucas 24:49).

Después que Jesús había viajado todo el día, predicando y enseñando, El y sus discípulos se acercaron a una aldea. Estando inusitadamente cansado, dijo a los discípulos que fueran a la aldea y que consiguieran comida y asilo en donde pasar la noche mientras que El descansaba en las afueras del pueblo. Pronto volvieron corriendo. Aun de lejos había visto el polvo que levantaban sus pies. También vio que hablaban y gesticulaban excitadamente. Cuando llegaron con la respiración entrecortada, asediaron al Maestro con su historia. Sin duda Pedro habló más que los otros. "Maestro, les dijimos en la aldea que Tú habías venido en busca de comida y asilo. Esperábamos hospitalidad, pero en lugar de eso nos negaron cualquier consideración y dijeron claramente que no éramos bienvenidos en su pueblo." Entonces en medio del clamor y la gesticulación violenta de sus brazos, cada uno en su propia manera dijo: "Señor, no es correcto: Tú debes pedir fuego de los cielos y destruir a todo este pueblo." Jesús les reprendió cortantemente e hizo que se sintieran avergonzados.

Allí Jesús se dio cuenta otra vez que sus seguidores no estaban listos para evangelizar el mundo. ¿Qué hubiera sucedido si los discípulos hubieran poseído el poder y hubieran pedido fuego del cielo para consumir el pueblo? Las noticias se hubieran esparcido, y nadie hubiera escuchado más a los lunáticos que incendiaban o consumían los pueblos que no se arrepentían. Cristo sabía que el espíritu de enojo vengativo tenía que ser limpiado.

En otra ocasión los hijos del Trueno, Jacobo y Juan, mostraron una actitud egoísta al tratar de conseguir nombramientos especiales del Maestro. Cristo sabía que debía ser erradicado el egoísmo repugnante de sus mensajeros.

En una ocasión los discípulos tenían temor y no estaban dispuestos a testificar en favor de Cristo. Ese temor, El sabía, debía ser cambiado por valor moral divino.

El Señor también era omnisciente. Podía ver

años adelante en la vida de los apóstoles. Encontrarían desánimo, persecuciones y el martirio. Y si ellos no tenían aquel "poder desde lo alto", Cristo sabía que ellos desertarían para ocuparse de tareas más fáciles.

Por eso Jesús "los mandó que no se fueran de Jerusalén, sino que esperasen la promesa del Padre... Pero recibiréis poder, cuando haya venido sobre vosotros el Espíritu Santo" (Hechos 1:4, 8). Esos discípulos no debían evangelizar su vecindario en Jerusalén hasta que primeramente, esperasen el poder. Por eso, como la santificación era necesaria para aquellos hombres, ciertamente, también es necesaria para usted y para mí en el siglo veinte.

La santificación también es necesaria para vivir victoriosamente. Jesús en el capítulo 17 de Juan, rehusó orar para que los discípulos no fueran expuestos a lo malo del mundo. Oró porque fueran santificados, y así vivieran victoriosamente en un mundo pecaminoso.

Algunos cristianos apenas existen, viven sin gozo verdadero y exuberante. El cristianismo es, para ellos, una mera póliza de seguros contra el infierno. No tienen un testimonio vivo y no llevan frutos. Dios nunca intentó este tipo de vida para nosotros. El quiere que poseamos cierto entusiasmo espiritual, y un gozo en nuestros corazones que nos aparte del mundo. Nuestras vidas deben traerle gloria al nombre de Dios.

Cuando estaba en el séptimo grado en la escuela, estaba de moda, en la parte del país donde vivía, el hacer radios caseros. Entusiasmados con esa idea, tres de nosotros juntamos unos centavos y fuimos a las tiendas donde vendían muy barato, para comprar las partes necesarias para hacer un radio. Varias tardes, después de la escuela, trabajamos, hasta que al fin lo hicimos. Recuerdo muy bien cuando me puse los audífonos y lentamente ajusté la aguja. El aparato dio chasquidos y chisporroteó; la señal aumentaba y menguaba, y todo sonido salía lleno de estática. No distinguía las voces pero sí podía oir la música de la emisora WTAX, la que estaba a seis cuadras de nuestra casa.

Imagínese que delante de nosotros tenemos aquel radio casero, y al lado de éste, el radio más moderno que se pudiera comprar. Al escuchar el radio casero, hallamos que la recepción es limitada y frecuentemente no hay ninguna. Sin embargo, moviendo la aguja del radio moderno, en un momento tenemos 50 emisoras tan poderosas que hay que bajar el volumen para evitar que se nos rompan los tímpanos de los oídos. ¿Cuál es la diferencia? La transmisora es la misma en ambos casos, y la fuente del poder es la misma. Obviamente la diferencia está en los dos aparatos.

Usted no necesita vivir una vida como la del sonido del radio casero, una vida cristiana mediocre. Cristo le proveerá una vida llena, rica que sea un testimonio vibrante del poder de Dios.

También, la santificación es necesaria para la unidad. ¿Querría Cristo volver al mundo y hallar que las iglesias están riñendo entre sí por pequeñeces? ¿Querría El encontrar a los dirigentes de las iglesias en contención por los puestos? ¿Querría El hallar que la conducta de los miembros de la iglesia es indecorosa? ¡No! El tiene un plan mejor: "Y el mismo Dios de paz os santifique por completo; y todo vuestro ser, espíritu, alma y cuerpo, sea guardado irreprensible para la venida de nuestro Señor Jesucristo" (I Tesalonicenses 5:23). Ninguna crisis que usted no pueda vencer llegará a su vida si usted tiene dentro los recursos comparables. Este recurso interno es la "plenitud de Cristo".

En resumen: La santificación no es un lujo que puede ser aceptado o rechazado con poca consideración. Es absolutamente necesaria para un testimonio cristiano victorioso y fructífero.

3

¿Cómo Puedo Ser Santificado?

Este capítulo es breve, porque los pasos a la santificación son claros. Siendo que la santificación principia con la regeneración, hagamos ésta nuestro punto de partida.

Hay dos pasos definidos en la regeneración. El primero es el *arrepentimiento*. Este significa el reconocimiento de los pecados cometidos, pero más que eso—un pesar profundo por los hechos pecaminosos cometidos. Dios no oye la oración que busca el perdón que no viene de un espíritu contrito. El arrepentimiento también significa confesión; no esconder los pecados, sino confesarlos sinceramente a Dios. Entonces, el arrepentimiento significa entero abandono del pecado. El alma penitente no extiende una mano a Dios mientras con la otra se aferra al mundo. Le vuelve la espalda a lo pecaminoso como hechos, hábitos, y las compañías, para darle toda su atención a servir a Dios.

Una vez que nos hemos arrepentido de los pecados, entonces con una fe sencilla confiamos en Cristo para la salvación. Ahora somos justificados delante de Dios, regenerados en nuestras almas, salvados del castigo eterno, y salvados para una vida de servicio y preparados para un hogar celestial.

Entonces viene el tiempo de la vida de cada creyente cuando siente la necesidad de una obra más profunda en su corazón. Por el arrepentimiento y la fe, nuestros pecados ya han desaparecido en el mar del olvido de Dios. Pero todo lo bueno todavía queda en nuestras vidas.

Ahora estamos listos para principiar nuestra consagración. Oramos: "Señor, tengo poco talento, pero lo que tengo es tuyo. Tengo muy pocas riquezas materiales; pero, Señor, todo lo que tengo es tuyo. Mi tiempo, mi familia, mi trabajo, mi futuro, yo mismo— todo lo que soy y lo que espero ser es completamente tuyo. Señor, acéptame tal como soy. Límpiame y lléname con tu Espíritu Santo." Después de consagrar nuestro todo, hasta lo último a Dios, nosotros, por fe en su poder, creemos que El acepta la ofrenda y la santifica por completo.

Para aclarar más, permítanme bosquejar el proceso:

I. La regeneración
  A. Reconocer la necesidad personal de salvación
  B. Arrepentimiento
     Este incluye:
     1. Un pesar profundo por los pecados cometidos
     2. Confesar los pecados
     3. Abandonar los pecados
  C. Fe (creer que Dios puede y ahora hace la obra)
  D. El resultado, la regeneración

II. La entera santificación
   A. Reconocer la necesidad personal de la santificación
   B. Consagración
      Esta incluye:
      1. El pasado
      2. El presente
      3. El futuro
   C. Fe (creer que Dios puede y ahora santifica)
   D. El resultado, la entera santificación

Para aclarar todavía más, permítanme una ilustración: Imagínese que tiene dos montones de libros frente a usted, los cuales representan su vida. Un montón representa los pecados en su vida; y el otro, las virtudes. Para ser salvo usted principia con el montón de libros que representa sus pecados. Uno tras otro en el proceso de arrepentimiento, pone los libros sobre el altar, hasta que todos los pecados son confesados y todos los libros están sobre el altar. Después de arrepentirse totalmente, confíe en Cristo para la salvación. "Si confesamos nuestros pecados, él es fiel y justo para perdonar nuestros pecados, y limpiarnos de toda maldad" (1 Juan 1:9). Así por el arrepentimiento y la fe, el montón de libros que representa los pecados es quitado. Usted es justificado.

Luego llega el tiempo cuando usted tiene la necesidad de la santificación en su corazón. El otro montón de libros que representan las "cosas buenas" en su vida, todavía está allí. Uno por uno ponga esos libros sobre el altar en consagración, hasta que finalmente todo haya sido consagrado, y el último libro esté sobre el altar.

Usted está completamente en las manos de Dios. Entonces por fe, crea que Dios hace la obra de la entera santificación.

No conozco una manera más sencilla para expresarlo que esta: Usted es salvo por el arrepentimiento y la fe. Usted es santificado por la consagración y la fe.

Para los que tienen una lucha con la fe, permítanme relatarles la experiencia de un amigo. Por años había luchado buscando obtener la santidad. No había uno en la congregación que lo igualara en sinceridad y conducta. Pero su servicio era estorbado por no tener la victoria en la santificación. Vez tras vez se había consagrado a sí mismo a Dios, pero no podía creer que hubiera sido hecho limpio.

Al final de un culto, un domingo por la mañana, fue al altar a buscar otra vez la santificación. Los pocos que oraron con él no se quedaron mucho tiempo, porque decían: "Pobrecito, viene cada vez que se hace una invitación." Pronto no había nadie en el templo excepto mi amigo y su pastor. Oraron hasta después de la 1:00 de la tarde.

Por fin el pastor dijo: "Si estás seguro que te has consagrado completamente, y que en ninguna forma retienes nada de Dios, mira tu reloj, y confía en Dios para tu santificación. Cada vez que el diablo te acuse de no ser santificado, dile: En este día y hora me consagré a Dios para recibir la santificación. Mi, consagración a Dios sigue intacta. Por eso, si no soy santificado, es asunto de Dios." Los ojos de mi amigo brillaron cuando comprendió el significado de lo que el pastor le había dicho. Han pasado varios años desde el día que mi amigo fijó la hora en el altar, pero hasta ahora el Señor ha honrado su fe con el testimonio de su santificación.

La santificación no es para unos pocos de los santos escogidos de Dios. Es la vida cristiana normal que Dios ha provisto para sus hijos. Hoy, si usted sabe que es salvo, conságrese totalmente a Cristo, y entonces confíe en Dios para la entera santificación.

4

¿Cuándo Obtengo la Santificación?

Toda denominación cree en alguna forma de santificación. Nuestros amigos católicos creen que somos limpiados en el purgatorio. Conozco a unas buenas personas que creen que somos salvados y santificados al mismo tiempo. Otros creen que somos salvos y le sigue un largo proceso de crecimiento hasta entrar en la experiencia de la santificación. Algunos creen que somos santificados un poco antes de morir, y aún otros más creen que la glorificación y la santificación son sinónimos. Indudablemente usted es una persona inteligente a quien le gusta pensar; en vista de que hay diferentes puntos de vista en casi cualquier argumento (teológico o de otra naturaleza), meramente daré las citas bíblicas y usted sea su propio juez.

En Hechos 19:2 Pablo preguntó a los discípulos de Efeso: "¿Recibisteis el Espíritu Santo cuando creísteis?" La respuesta fue, "no". Habían creído en Cristo pero no habían recibido el Espíritu Santo.

En cierta ocasión le cité este pasaje a un hombre, a lo que él replicó: "¿Qué no sabe que en cierta versión dice *desde* en lugar de *cuando*?"

Tenía razon. Hay versiones que rezan así. Pero no creo que cambie el significado del versículo, ya que en ambos casos la respuesta sería no. Los efesios habían creído en Cristo pero no habían sido bautizados con el Espíritu Santo.

Hechos 8:14-17: "Cuando los apóstoles que estaban en Jerusalén oyeron que Samaria había recibido la palabra de Dios, enviaron allá a Pedro y a Juan; los cuales, habiendo venido, oraron por ellos para que recibiesen el Espíritu Santo; porque aún no había descendido sobre ninguno de ellos, sino que solamente habían sido bautizados en el nombre de Jesús. Entonces les imponían las manos, y recibían el Espíritu Santo".

Tan pronto como la iglesia madre en Jerusalén oyó que el pueblo de Samaria había recibido la palabra, envió a dos de sus mejores evangelistas, Pedro y Juan, para predicarles acerca del Espíritu Santo. "Porque aún no había descendido sobre ninguno de ellos."

Hechos 10:1-4: "Había en Cesarea un hombre llamado Cornelio, centurión de la compañía llamada la Italiana, piadoso y temeroso de Dios con toda su casa, y que hacía muchas limosnas al pueblo, y oraba a Dios siempre. Este vio claramente en una visión, como a la hora novena del día, que un ángel de Dios entraba donde él estaba, y le decía: Cornelio. El, mirándole fijamente y atemorizado, dijo: ¿Qué es, Señor? Y le dijo: Tus oraciones y tus limosnas han subido para memoria delante de Dios."

Yo quisiera que nuestras iglesias fueran llenas con gente igual como esta descripción. Note:

1. Un hombre devoto;
2. Uno que temía a Dios;

3. Con toda su casa (evidentemente ganó a su familia);
4. Daba muchas limosnas (sin duda diezmaba);
5. Y siempre oraba a Dios;
6. Dios mandó a un mensajero del cielo para decirle que sus oraciones habían subido como un memorial delante de Dios.

Al leer adelante en este capítulo, encontramos que Cornelio sintió la necesidad de una obra más profunda en su corazón. Cornelio mandó a dos de sus siervos y un fiel soldado a Jope, donde Pedro estaba de vacaciones para pedirle que viniera y ministrara a los de su casa. Pedro vino. Y en el versículo 44 del mismo capítulo se llega al clímax, ya que dice: "Mientras aún hablaba Pedro estas palabras, el Espíritu Santo cayó sobre todos los que oían el discurso."

En Juan 17:9-17, Cristo ora, "no por el mundo", sino porque los discípulos fueran santificados. En la Epístola a los Efesios, capítulo 5, leemos que Cristo se entregó a sí mismo para que "la iglesia" pudiera ser santificada.

No vamos a argüir con la pregunta; sea usted el juez. Pero me parece que cualquier interpretación objetiva de las Escrituras enseña que somos santificados como una definida segunda obra de gracia.

5

¿Qué Hará para Mí la Santificación?

En mi propia experiencia, la lucha espiritual en cuanto a la santificación tenía su base en la erradicación. Sabía que era salvo. Me había consagrado, y anhelaba una vida de servicio cristiano. Ahora sé que estaba equivocado en mi manera de ver el asunto; pero mientras examinaba mi propia experiencia, y mientras observaba las vidas de otros que profesaban ser santificados, yo dudaba de la erradicación.

Habiendo buscado el consejo de varios en quienes yo confiaba, estaba más confundido que nunca. Leí ampliamente acerca de la santificación pero encontré muy poco acerca de la erradicación. Lo que encontraba estaba tan envuelto en los términos teológicos que tenía dificultad en aplicarlo a mi vida.

Aunque no podía testificar de una limpieza completa, encontré menos satisfacción en doctrinas opcionales, sus errores eran notorios.

Por el período de un año luché con este problema hasta que finalmente caí delante de Dios en oración, y le dije: "Señor, debe haber tal cosa como limpieza de corazón. No hay otra solución al problema del pecado, no comprendo cómo funciona o se lleva a cabo, pero estoy listo; santifícame ahora." Muchas veces me había consagrado, pero había tratado de hallar el descanso de una vida llena del Espíritu sin la erradicación. Pero el día que clamé: "Límpiame ahora", el Señor hizo un cambio en mi corazón que ha sido reflejado en mi espíritu y actitud desde aquel entonces hasta ahora.

En el momento que fui santificado, vencí una curiosidad intelectual en cuanto a la erradicación, y estuve dispuesto a vivir mi vida, aunque jamás la comprendiera. Sin embargo, cuando mi corazón fue perfeccionado, pronto se aclararon mis conceptos en cuanto a la limpieza. Esto vino en cuatro pasos.

1. Estaba decidido a encontrar una respuesta en cuanto a la pregunta: "¿Qué es la carnalidad?"

La carnalidad no es lo físico—la carne. Si así fuera, usted sería menos pecaminoso con una pierna amputada, y sería completamente purificado si su cuerpo fuera reducido a cenizas. La carnalidad no tiene nada que ver con su humanidad. Es una condición del alma que afecta los móviles, las actitudes, y los afectos. Es como una mancha en los pulmones o una úlcera en el estómago. Como una condición ésta se puede quitar, pero cuando las causas conducentes están presentes se vuelve a caer en tal condición.

Antes de ser santificado, traté de forzarme a creer que sería imposible pecar si la carnalidad era quitada. Este error es evidente. No es más razonable creer esto, que creer que, una vez curado de una enfermedad, tenemos una seguridad eterna contra tal enfermedad. Nos enfermaremos de pulmonía la segunda y la tercera vez si descuidamos nuestra condición física y luego nos exponemos a los gérmenes de dicha enfermedad.

Richard Taylor dice: "La erradicación no siempre significa un tono de voz, o una expresión facial. Pero el delito no se debe a una falta de parecido a Cristo en espíritu y en móvil, sino a una falta de ser como Cristo en entendimiento y equilibrio emocional. La naturaleza carnal es sencillamente un yo engreído, la naturaleza del yo que se ha torcido y ensoberbecido, un engrandecido sentido de la importancia de uno mismo, un deseo de ser honrado, una sensibilidad muy alta de que lo lastimen, una tendencia a magnificar las faltas de otros, ser obstinado."

En breve, la carnalidad es el yo que no ha sido santificado: El amor a sí mismo, la inclinación a sus intereses propios, y ser voluntarioso.

2. El segundo paso en la declaración de mis pensamientos en cuanto a la erradicación es: "¿Puede Dios limpiar de todo pecado?"

El calvinismo dice que Cristo puede salvar del resultado del pecado, pero no del pecado. Si el pecador peca, es condenado; si el cristiano peca es llevado al cielo. Esto inequívocamente limita el poder de Dios. Si un Dios omnipotente puede perdonar los pecados, El puede limpiar el pecado.

Nuestros hermanos calvinistas también dicen que podemos pecar cada día en pensamiento, palabra y hecho. Otra vez esto limita el poder de Dios. Si El puede salvarnos de los pecados crasos, entonces El puede salvarnos de todo pecado. Solamente los de una tendencia más prejuiciada dirían que un Dios que puede crear un alma humana no tiene el poder para limpiar la misma alma del pecado que la ha degradado.

3. La siguiente es: "¿Se enseña la erradicación en las Escrituras?"

Aquí no hay palabra más fuerte que la Palabra de Dios.

Romanos 8:7-8: "Por cuanto los designios de la carne son enemistad contra Dios; porque no se sujetan a la ley de Dios, ni tampoco pueden; y los que viven según la carne no pueden agradar a Dios."

Siendo que la mente carnal es enemistad contra la ley de Dios, y puesto que la ley de Dios es amor, entonces para ajustar el alma con la ley de amor, la carnalidad tiene que ser erradicada. El amor no se puede legislar. Tiene que venir del corazón purificado.

Hechos 15:8-9: "Y Dios, que conoce los corazones, les dio testimonio, dándoles el Espíritu Santo lo mismo que a nosotros; y ninguna diferencia hizo entre nosotros y ellos, purificando por la fe sus corazones".

En estos dos versículos Pedro incluye que la limpieza por el Espíritu Santo puede ser apropiada universalmente, no excluye a nadie.

Otras Escrituras que confirman esta posición son: Mateo 3:11-12; Santiago 4:8; Romanos 6:1-2; Romanos 8:1-13; 1 Juan 1:9.

4. El último paso en mi clarificación de mi entendimiento en cuanto a la erradicación es: "Decida no juzgar la doctrina por las vidas de las personas."

Conozco a muchos que en mi opinión, viven consistentemente la vida santificada, pero cada vez que he fijado mi mirada en las personas, he quedado desilusionado. Sin embargo, si cada persona que profesa ser santificada fuera hipócrita y finalmente arrojada al infierno, eso no cambiaría en nada la Palabra de Dios. La perfección no es un ideal. Es la condición normal de la experiencia victoriosa, asequible para vivirse ahora. Pero no seamos engañados por Satanás quien nos hace que miremos las fallas de otros.

En resumen, aclararé mi manera de pensar sobre la erradicación siguiendo estos cuatro pasos:

1. ¿Qué es la carnalidad?
2. ¿Puede Dios limpiar el corazón?
3. ¿Se enseña la erradicación en las Escrituras?
4. Decida no juzgar la doctrina por la vida de las personas.

Al ser santificado el corazón no sólo estará limpio, sino que tendrá el poder espiritual para vivir victoriosamente. La salvación es atractiva. La gente puede ser condenada por los pecados que cometa delante de su presencia; pero si usted vive una vida santificada, los que le rodean dirán: "Si alguna vez consigo una experiencia religiosa, la quiero como la de fulano de tal."

Tengo un amigo que predicó en una campaña en una comunidad muy aislada en Texas hace muchos años. Un anciano conocido cariñosamente como el Tío Pink, hizo los arreglos para la campaña que se llevó a cabo en un tabernáculo construido para tal propósito. No hubo música extraordinaria, ni se hizo la propaganda que creemos necesaria para una campaña. Pero al fin de la campaña de cinco días (ya que no incluyeron los domingos), 180 personas se habían arrodillado ante el altar provisional.

Investigando la situación, mi amigo halló que por 20 años el Tío Pink había vivido una vida santificada en esa comunidad. Hizo trueques de caballos e intercambió tareas con otros hombres del vecindario hasta que todos lo conocían íntimamente. Cuando estuvo listo para la campaña evangelística, le ayudaron a construir el tabernáculo, y luego todos vinieron a la campaña y oraron: "Señor, dame lo que tiene el Tío Pink."

Cuando el Señor santifica, El purifica el corazón y da un poder en la vida que es una atracción a la causa de Cristo.

6

¿Qué no Hará la Santificación para Mí?

1. La santificación no destruirá su libre albedrío.

Usted nació con un libre albedrío, y puede decidir servir a Dios o no. Usted puede escoger lo malo o lo bueno, la justicia o el pecado. En ningún tiempo en esta vida será destruido ese libre albedrío.

Soy impaciente con la doctrina que dice que usted puede ser salvo eternamente y a la vez vivir licenciosamente. Dios le dará de su gracia en su corazón siempre y cuando usted voluntariamente coopere con El. No es probable, pero es posible que después de ser santificado durante medio siglo usted se rebele contra Dios y luego voluntariamente peque. La santificación no destruirá su libre albedrío.

2. La santificación no lo pondrá en una posición que no pueda ser tentado.

El diablo no muere el día que usted es santificado. El ladrón no entra en una choza para robar, sino busca un castillo para cometer su fechoría. Aunque las tentaciones llevarán una forma nueva, serán tan verdaderas y consistentes después de obtener la experiencia de la limpieza de corazón como antes (trataremos con estas tentaciones en otro capítulo).

3. La santificación no destruirá su humanidad. Ningún mortal alcanzará la perfección humana. La santificación trata con el corazón, no con la carne. Si tiene pelo rojo, la santificación no cambiará el color. Un escocés seguirá siendo escocés, y una persona pobre seguirá siendo pobre después de ser santificada.

4. La santificación no le hará un cristiano maduro.

Los jóvenes, especialmente, son engañados por Satanás al creer que el Señor con su poder santificador les dará una experiencia igual a la de un santo que ha caminado con Dios por 50 años. ¡No! Usted debe ser purificado para principiar a crecer en la gracia y llegar a parecerse más a Cristo con el paso de los años.

5. La santificación no nos hará a todos semejantes.

Si un agente del gobierno entrara en su culto de domingo en la mañana y principiara a regalar billetes de mil dólares a todos los presentes, no hay dos personas que reaccionarían igual al recibir su billete. Algunos reirían, otros llorarían otros saldrían corriendo, y unos permanecerían en sus asientos sin ninguna reacción emocional.

No todo el mundo puede ser echado en un molde. Un anciano en mi congregación me causaba tensión sin fin porque esperaba que todos los que buscaran y hallaran la santificación debían reaccionar emocionalmente como cuando él había sido santificado. Todos somos diferentes. No vemos las cosas del mismo punto de vista. Y ni la santificación nos hará a todos semejantes en esta vida.

7

¿Qué Pasará con los que No Son Santificados en el Día del Juicio?

Esta pregunta me causa dificultad porque sabía de un ladrón colgado en una cruz al lado de Cristo. En los últimos momentos de su vida clamó: "Señor, acuérdate de mí cuando vengas en tu reino." A lo que Jesús le respondió: "Hoy estarás conmigo en el paraíso." Debido al tiempo y la situación, el ladrón no fue santificado; pero estoy seguro que usted y yo esperamos verlos en el cielo.

También, yo conocí individuos que fueron salvos en su lecho de muerte. Espero verlos en el cielo; pero debido a mi comprensión del tiempo, no fueron santificados. "Todavía", razonaba yo, "Dios sólo tiene una medida por la cual todos seremos juzgados". Pensaba en esto por algún tiempo antes de encontrar una solución satisfactoria. Mi respuesta no ha venido de un texto teológico, pero es doctrina sana y digna de confianza.

Nacemos en este mundo bajo la gracia de Dios. Si muriéramos antes de llegar a la edad de responsabilidad, nuestras almas estarían salvas.

Después de llegar a la edad cuando sabemos la diferencia entre el pecado y la justicia, somos responsables por nuestros pecados. Entre más vivimos en pecado, más profundo y complicado, nos vemos envueltos en él hasta el día en que entregamos nuestro corazón a Dios para ser salvos. Después de ser salvos otra vez más estamos bajo la gracia de Dios.

Entonces llega el tiempo cuando sentimos una necesidad de una obra más profunda en nuestros corazones. Luego somos santificados. Pero aun después de ser santificado, el Señor, de cuando en cuando nos da nueva luz. El espera que andemos en toda su luz. En el juicio seremos responsables por la luz que hemos recibido en nuestras vidas.

No me preocupo de los casos extraordinarios como el ladrón en la cruz. Estoy perplejo por los que profesan ser cristianos y no caminan en la luz, sino que están satisfechos con su pereza espiritual, espíritu criticón, actitudes malas y móviles egoístas. El Día del Juicio serán juzgados por la luz que rechazaron y por el carácter cristiano que pudieron haber alcanzado.

"Estas cosas os escribimos, para que vuestro gozo sea cumplido. Este es el mensaje que hemos oído de él, y os anunciamos: Dios es luz, y no hay ningunas tinieblas en él. Si decimos que tenemos comunión con él, y andamos en tinieblas, mentimos, y no practicamos la verdad; pero si andamos en luz, como él está en luz, tenemos comunión unos con otros, y la sangre de Jesucristo su Hijo nos limpia de todo pecado" (1 Juan 1:4-7).

8

¿Qué Son las Tentaciones para los Santificados?

1. Somos tentados cuando creemos haber "perdido ciertos sentimientos o emociones".

Una de las mejores armas que Satanás usa es el asunto de los sentimientos o emociones. El principia con la acusación general: "Tú sientes que no estás bien." Es verdad, la emoción acompaña generalmente el testimonio del espíritu de que es limpio; pero es una insensatez esperar "un cierto sentimiento". Dios no ha prometido un cierto sentimiento en relación a la experiencia de la santificación; por eso podemos darnos cuenta que hemos tropezado con uno de los engaños del diablo si empezamos a preocuparnos "porque no nos sentimos bien".

Entonces Satanás dice: "No sientes como los otros dicen que sienten." Satanás nos habla astutamente porque sabe que nosotros, los humanos (especialmente los jóvenes) tenemos héroes a quienes admiramos. Si algún hermano santificado que admiramos testifica de algún sentimiento particular, entonces el tentador dice: "No has de ser santificado porque no sientes lo que él siente." ¡No tiene sentido! No fuimos creados iguales; por eso nuestras reacciones emocionales nunca pueden ser idénticas.

El diablo continúa: "No sientes como te sentías en el pasado". En el momento que fuimos purificados, pudo haber sucedido que experimentamos un éxtasis emocional, aunque esto no es necesario ni indispensable. Esta emoción puede durar por unos momentos o por unas semanas. Pero eventualmente tenemos que ajustarnos a la vida diaria de un soldado cristiano. Hay una paz profunda en nuestros corazones, pero el éxtasis emocional se ha ido. ¿Hemos caído de la gracia? Solamente la manera más tonta de razonar puede llegar a esa conclusión.

Acuérdate: Somos salvos por la fe, santificados por la fe, y guardados por la fe. Sigue fiel y déjale tus sentimientos a Dios.

2. Somos tentados a aceptar ciertos términos.

Un pastor de otra denominación recientemente me dijo: "Creo lo que usted predica, pero no me gustan los términos que usa, tales como la erradicación, perfección, y la santificación." El Espíritu Santo nos hace comprensivos y no ciegos e intolerantes con la terminología. Sin embargo, no creo que debemos claudicar en cuanto al nombre de la experiencia que Cristo llama la santificación, ni claudicar con la expresión "nacer de nuevo".

Si el claudicar sobre los términos erradicación y santificación tiene el fin de iluminar más la mente de los que están poco familiarizados con el asunto, entonces tendrá algo de mérito. Pero si la substitución del término tiene el fin de menguar algo del reproche, entonces el móvil es erróneo. Satanás es tan astuto en su proceder, que podemos, sin darnos cuenta, entristecer al Espíritu Santo porque claudicamos con la terminología.

3. Somos tentados a claudicar los métodos.

El diablo dice: "¿Por qué no haces un pequeño cambio para que le pruebes a tus amigos que no son salvos que no eres un fanático?"

Una señora de cierta ciudad me dijo que estaba planeando ganar a su esposo inconverso y a su familia al hacer una concesión en cuanto a algunas cosas que ellos querían hacer, con la promesa que la familia luego asistiría a los cultos con ella. La señora en cuestión guardó su palabra al participar en ciertas diversiones mundanas, pero cada uno de sus familiares cuando llegó el tiempo de acompañarla a la iglesia le dieron excusas para no asistir a los cultos con ella. Dentro de un año esta mujer había caído de la gracia y se tornó en una cómplice entusiasta del camino mundano de sus parientes. El claudicar espiritualmente no trae ganancia, sino el mal. El mundo respeta mucho más al cristiano que se mantiene fiel a las convicciones, que a la persona que claudica para seguir a la multitud.

4. Somos tentados al orgullo espiritual.

Si el diablo no puede hacerlo que claudique, entonces lo atacará con un arma tan peligrosa que puede arruinar el reino de Dios, el orgullo espiritual. No hay nada más repugnante a un pecador que una persona que exhibe su propia justicia. Durante todo su ministerio, Cristo censuró cualquier evidencia de uno que se exalta a sí mismo. Cuando el fariseo y el publicano entraron en el templo para orar, el fariseo con su espíritu arrogante comenzó: "Dios, te doy gracias que no soy como los otros hombres, ladrones, injustos, adúlteros, ni aun como este publicano. Ayuno dos veces a la semana, doy diezmo de todo lo que gano." Dios no oyó la oración de este fariseo que confiaba en su propia justicia, pero justificó al publicano que oró: "Dios, sé propicio a mí, pecador."

Yo conocí a un estudiante que ayunaba un día fijado de cada semana en un salón del edificio administrativo donde podía mirar a los estudiantes con desdén cuando éstos se dirigían al comedor. Dijo de sí mismo: "Si fueran tan religiosos como yo, también ayunarían." Me dijo que mantuvo esa actitud arrogante hasta que arruinó su utilidad cristiana y tuvo que pedir perdón a Dios por su orgullo espiritual.

Otro hombre me contó: "Yo tenía tanta ansiedad por ser humilde que actualmente llegué a ser orgulloso de mi humildad."

La persona santificada no tiene nada por qué ser orgullosa. Somos limpios por la misericordia y la gracia de Dios. Nuestra indignidad, nuestras equivocaciones y nuestros errores deben ser suficientes para guardarnos del orgullo espiritual para siempre.

5. Somos tentados a ser impacientes con otros.

Durante una campaña en nuestra iglesia una mujer de mediana edad y su hijo fueron maravillosamente convertidos, y esto trajo alegría a toda la congregación. Sin embargo, después de pocas semanas por poco la iglesia se divide, cuando la mujer apareció en una función de la iglesia vestida de una manera más mundana que las demás mujeres. Nuestro grupo no había aprendido la lección de tener paciencia con otros. La luz que teníamos era todavía oscuridad para la nueva convertida.

No sea tentado a disminuir la estatura espiritual de otros porque en ese momento no viven según sus convicciones e impresiones. En nuestro esfuerzo por mantener la pureza, podemos llegar a ser detestables. "El amor es sufrido, es benigno."

6. Somos tentados a tener un celo equivocado.

En su carta a los Romanos, Pablo habla de un celo de Dios, pero no conforme al conocimiento. Un predicador habló de la tercera bendición, la de tener sentido común. Entusiasmo contagioso es una característica deseable, pero el celo equivocado invariablemente conduce al fanatismo. Lo principal es el amor de un corazón puro.

7. Somos tentados a equivocarnos pensando que la luz es culpabilidad.

No es la luz, sino el ir contra la luz lo que nos hace sentirnos culpables. No se espera que nadie haga lo que no sabe que es su deber, ni se condena por lo que no conoce. "Esta es la condenación: que la luz vino... y los hombres amaron más las tinieblas que la luz" (Juan 3:19). No será condenado por recibir luz; porque "si andamos en luz como él está en luz, tenemos comunión unos con otros, y la sangre de Jesucristo su Hijo nos limpia de todo pecado" (1 Juan 1:7). Después de ser santificado, el Espíritu Santo continúa dando luz a nuestras vidas. No somos culpables por recibir la luz, pero sí debemos apreciarla y ser obedientes a su dirección.

Una palabra de precaución: La luz que usted recibe tal vez no sea universal. Dios frecuentemente trata con nosotros individualmente. Por eso, no juzgue severamente a su hermano que no ha recibido la luz que usted tiene.

8. Somos tentados a descansar en las experiencias pasadas.

Hemos puesto tanto énfasis sobre las dos experiencias religiosas que muchos han llegado a sentir que la santificación es un fin en sí misma. El complacido ora: "Gracias, Señor, por completar toda tu obra en mi corazón. Pasaré mi vida descansando en tu amor." Dios nos purifica para que seamos aptos para entrar con Cristo en la guerra contra el mal.

No hay menos culpa en descansar en las victorias pasadas. Cuando un general informaba de una victoria a Napoleón, el emperador inmediatamente preguntaba: "¿Qué hizo al día siguiente?" Nuestra vida cristiana es progresiva. Cada victoria es un mero escalón a éxitos mayores. No sea tentado por Satanás a vivir en las experiencias pasadas.

En resumen: Usted puede esperar severas pruebas y tentaciones después de ser santificado, como las recibía antes. Pero sea firme en el Señor; porque "no os ha sobrevenido ninguna tentación que no sea humana; pero fiel es Dios, que no os dejará ser tentados más de lo que podéis resistir, sino que dará también juntamente con la tentación la salida, para que podáis soportar" (1 Corintios 10:13).

9

¿Qué Cambios Prácticos Puedo Esperar en Mi Vida Después de Ser Santificado?

Por lo menos la santificación efectuará tres cambios prácticos en su vida.

1. Su vida se caracterizará por una fe sencilla. Esto se ilustra por medio de dos hombres llenos con el Espíritu el día de Pentecostés, Pedro y Juan. Cada día un mendigo era traído a la puerta del templo conocida como la Hermosa. En contraste a la puerta Hermosa, cubierta con oro y plata, imagino que el hombre estaba sentado allí en el polvo con las piernas cruzadas, los hombros inclinados hacia adelante, los ojos hundidos, y el color había dejado sus mejillas hacía mucho tiempo. El pobre mendigo era el cuadro del inconsolable.

En ese día mientras que mendigaba, su cara se iluminó, porque vio acercarse a dos hombres a quienes reconoció como seguidores de Jesús. Se dijo a sí mismo: "Ellos me ayudarán." Poniendo su apariencia más patética, imploró: "Tengan misericordia de mí. Denme unas monedas para que pueda comprar un pedazo de pan." Pedro y

Juan se llenaron de compasión; pero cuando metieron las manos en sus bolsillos, descubrieron que no traían ni un centavo. Sin embargo, estos hombres tenían una fe sencilla que no podía ser igualada con plata y oro. Las Escrituras no nos dan la oración que sin duda oraron. Cuando terminaron, Pedro, quien siempre era el que hablaba por el grupo principió: "No tengo plata ni oro, pero lo que tengo te doy: en el nombre de Jesucristo de Nazaret, levántate y anda."

Mientras Pedro le ayudaba a levantarse, el mendigo de repente sintió que sus piernas muertas cobraban vida. Empezó a regocijarse, corrió al templo para relatar a la gente el milagro. Pedro y Juan no tenían plata ni oro pero tenían una fe sencilla en abundancia.

"Satanás tiembla cuando ve al santo más débil arrodillado". A veces me pregunto cuánto temblará cuando ve algunos cristianos de rodillas. Algunas de nuestras oraciones, que hemos orado por tanto tiempo, han venido a ser meras repeticiones vanas. Nuestro superintendente de la escuela dominical nombraba a un hombre para que nos dirigiera en oración, y éste oraba la misma oración cada semana. Era tan consistente que yo podía adelantármele a lo que él iba a decir en su recitación semanal. Estoy seguro que esas oraciones no subían más alto que el sonido de su voz.

El orar en el espíritu es más que palabras. ¿Ha orado usted con tanta intensidad que finalmente ha caído sobre la cama implorando: "O Dios, yo no sé qué decir ni hacer. Dejo todo en tus manos"? "Y de igual manera el Espíritu nos ayuda en nuestra debilidad; pues qué hemos de pedir como conviene, no lo sabemos, pero el Espíritu mismo intercede por nosotros con gemidos indecibles... Y sabemos que a los que aman a Dios, todas las cosas les ayudan a bien... '' (Romanos 8:26, 28). La persona santificada aprende a dejar su vida en las manos de Dios. No se consume de inquietud, porque confía en el Señor. No critica, no es quejumbroso, ni se enoja; porque sabe que aun las cosas desafortunadas que ocurren en la iglesia y en su vida privada redundarán para la gloria de Dios. Los que no están completamente consagrados no pueden tener tal fe.

2. Su vida se caracteriza por un espíritu equilibrado. Vemos muy pocas personas con un espíritu agradable. Todo mundo está listo a reclamar sus derechos. Pitamos las bocinas alocadamente al que se nos atraviesa en las carreteras y calles. Y parece que aun de vez en cuando algunas personas buenas dejan explotar sus sentimientos. En tales situaciones se hablan palabras, se toman actitudes, y se hacen decisiones que más tarde causan pena. Frecuentemente lo bueno que ha sido acumulado por un período de años puede deshacerse en una explosión momentánea de ira. Pero Cristo tiene el poder para ayudarle a que guarde una actitud correcta aun bajo presión.

Esto se ilustra en las vidas de dos hombres llenos del Espíritu Santo, Pablo y Silas. Mientras que enseñaban y predicaban en el mercado en Filipos, una adivinadora joven los seguía. Ella podía decirle a las personas cosas en cuanto a sus vidas que ellos ya sabían, pero le pagaban para oirla decírselas. Apuntando el dedo hacia Pablo y Silas, dijo a la multitud: "Estos son hombres de

Dios." Entonces Pablo mandó que el espíritu malo saliera de ella, e inmediatamente ella quedó limpia.

Ciertos hombres que eran sus amos se habían estado enriqueciendo con su trabajo como adivina. Estos tenían muy poco interés en la pureza de su espíritu, pero sí les agradaba el dinero que les traía. Cuando ella fue hecha pura, inmediatamente se enojaron con Pablo y Silas. Los predicadores fueron llevados a juicio para que respondieran a los cargos que les hacían. Sin haberles hecho un juicio justo, les ataron las manos sobre la cabeza en preparación para administrarles el castigo de las varas romanas, el arma más cruel de esa época. La sangre fluyó de sus espaldas mientras les propinaban la tremenda paliza. Se les hicieron grandes verdugones en donde la piel no se rompió. Los ojos se les inyectaron con sangre, y los músculos les dolían por la tensión hecha. Al fin les cortaron las sogas que ataban sus manos y éstas les colgaban como pesos en las extremidades de los brazos, que parecían no tener vida. Bruscamente los arrojaron al calabozo más profundo de la prisión.

Allí en la atmósfera fétida de la celda infestada con ratones, los metieron en cepos de madera muy rústica, para esperar más castigo al día siguiente. Sin que nadie les aplicara algún bálsamo, la sangre se secó en sus heridas. Los ratones corrían por donde querían mientras los guardias acechaban afuera.

Si ellos hubieran sido como la mayoría de los cristianos modernos, tan pronto como hubieran podido se habrían quejado. Pero Pablo y Silas tenían una experiencia que les mantenía firmes en aquella hora negra. A media noche, la Biblia dice, comenzaron a cantar y a orar. No es difícil orar en la hora de la prueba, pero se necesita un espíritu piadoso para cantar en un hora como aquella. Algunos cristianos casi no quieren cantar con entusiasmo en una campaña evangelística.

No sé qué cantaron, pero si hubiera sido ahora, podría haber sido:

Debe Jesús llevar la cruz a solas,
¿Y todo el mundo quede en libertad?
No, hay una cruz para cada uno,
Y hay una cruz para mí.

Yo no sé en dónde trabaja usted, ni sé cuál es su vida hogareña, ni las personas problemáticas con quien usted tiene que tratar; pero sé que el Señor tiene una experiencia para usted que le mantendrá firme cuando el resto del mundo esté desconcertado.

3. Su vida se caracterizará por un valor invencible en favor de Cristo. Pedro nos ilustra esto. Era un pescador de gran estatura, pelo desarreglado y cobarde. Durante el juicio de Cristo en el patio del sumo sacerdote, una niña lo atemorizó grandemente cuando le llamó seguidor de Jesús. Cuando los soldados empezaron a preguntarle al respecto, él maldijo y blasfemó para probar que nunca había conocido al Salvador.

Pero en el día de Pentecostés, ¿dónde estaba Pedro? No estaba escondido en el desierto, sino estaba en Jerusalén en medio de las hostilidades. Estaba en la ciudad donde Cristo había sido enjuiciado y sus enemigos estaban en todas partes. En este centro de hostilidades Pedro predicaba en las calles hasta que los convertidos sumaron 3.000 personas.

Este cambio en Pedro no fue el resultado de un estudio de psicología, ni de un curso especializado en el desarrollo de la personalidad. La diferencia era esta: Pedro había sido lleno con el Espíritu Santo.

Quiero ser caritativo con los individuos que encuentran que conversar es una tarea difícil, pero dudo seriamente si una persona santificada puede evitar testificar en favor de Cristo.

En resumen: Su vida santificada se caracterizará por: (1) Una fe sencilla; (2) Un espíritu equilibrado; y (3) Un valor invencible en testificar a favor de Cristo.

10

¿Cómo Me Guardo Santificado?

El crecimiento en la gracia es la única manera de guardarse del estancamiento y de caer de la gracia. Usted no es santificado para sentarse y deslizarse al cielo, sino para vivir una vida de servicio y para crecer continuamente en la gracia de Dios. Tres reglas sencillas que he estado aplicando a mi vida, también le servirán en su vida.

1. Sea absolutamente sincero. Usted tuvo que ser absolutamente sincero antes de que pudiera ser salvo o santificado. "Me buscaréis y me hallaréis, porque me buscaréis de todo vuestro corazón" (Jeremías 29:13). Lo mismo que se necesitó para recibir la gracia de Dios será requerido para sustentarla; tenemos que ser sinceros.

Nadie sabe cuán sincero es excepto usted mismo y Dios. Sus amigos tendrán sus opiniones, pero sólo usted y Dios saben la suya.

Por ejemplo: En la mañana del domingo su pastor dirá: "Pongámonos en pie y unamos nuestros corazones en oración." Todos se pararán y casi la mayoría inclinará su cabeza y cerrarán los ojos. Si yo pudiera mirar a la congregación, pensaría naturalmente, todos están orando. Pero usted sabe bien que, aunque la congregación está de pie y en actitud de oración, las mentes pueden estar a 600 kilómetros de ese culto. Nadie sabe cuán sincero es usted en esa oración aparte de usted mismo y Dios.

Esta historia humorística ilustra el punto. El trombonista de una banda, con el deseo de tener una noche libre, le pidió a su hermano que lo reemplazara. Finalmente venció la oposición y la burla de su hermano con el siguiente plan: Habrá un trombonista a cada lado tuyo. Puedes mirarlos y entonces haces exactamente lo que ellos hagan. Al fin, por cierta cantidad de dinero el hermano decidió aceptar. Esa noche el director marcaba el ritmo mientras el valiente substituto seguía perfectamente cada movimiento de los trombonistas que estaban a cada lado. Todo marchaba bien hasta que llegó el tiempo para que la sección de los trombonistas tocaran solos, entonces se descubrió que los tres substitutos y ninguno de los tres sabía tocar el instrumento.

A veces, casi alcanzamos tales extremos en nuestra adoración, podemos asistir al culto el domingo en la mañana, pero al estar a la mesa mientras almorzamos casi no podemos recordar un solo pensamiento del mansaje.

En el estado de Oregon, E.U.A., donde llueve mucho, alguien puso un rótulo en un camino que no estaba pavimentado: "Escoja su zanja, hermano, porque la seguirá por los próximos 35 kilómetros." Parece que unos se meten en una zanja espiritual que no les trae gozo a ellos ni a otros. La sinceridad es absolutamente necesaria para el crecimiento en la gracia.

2. Usted debe tener una coordinación completa entre su voluntad y la de Dios. Jesús nos dio el ejemplo en su experiencia en Getsemaní. La carga que llevaba era tan grande que "su sudor era como grandes gotas de sangre" (Lucas 22:44) en su frente. No muy lejos de donde El estaba, dormían sus más íntimos discípulos, a quienes los había dejado que velaran. Los secuaces del sumo sacerdote iban en camino para arrestarlo. Pero él oraba: "Padre mío, si es posible, pase de mí esta copa; pero no sea como yo quiero, sino como tú" (Mateo 26:39).

El artista que pintó la Ultima Cena, que se encuentra en una ventana de vidrio de colores en el famoso cementerio Forest Lawn en California, tiene una mano de Cristo hacia arriba y la otra hacia abajo. Al interpretar su obra, el artista dijo que la mano hacia abajo signifca, "si es posible, pase de mí esta copa", pero con la mano hacia arriba Cristo dijo, "no busco mi propia voluntad, sino la de Aquel que me ha enviado". En el Evangelio según San Juan dice: "Mi comida es que haga la voluntad del que envió" (Juan 4:34). Si usted y yo podemos crecer en la gracia, debemos tener la misma actitud, una coordinación completa entre nuestra voluntad y la de Dios.

Cuando fui por primera vez al estado de Oregon, unos amigos me llevaron a visitar un aserradero. Me llamaba mucho la atención mirar a los hombres cortar los altos abetos, quitarles las ramas, llevarlos cerca de las sierras gigantescas; y al fin ver la madera salir cortada y terminada en sus diferentes tamaños. Me gozaba ver cada parte del proceso, pero lo que me interesaba más era ver los grandes camiones cargar troncos enormes. En un lugar que visité, cortaron pilotes para mandar a Pearl Harbor, Hawaii. Algunos de ellos eran de unos 45 metros de largo y los cargaban en camiones especiales. Un chofer manejaba el camión delantero y otro, con un aparato separado a unos 20 metros atrás de la cabina, manejaba la sección trasera del camión. Me dijeron que algunos accidentes horribles habían ocurrido cuando los dos choferes fallaron al dar la vuelta en una armonía o coordinación completa. Cuando el chofer que iba por delante entraba por una curva peligrosa en la montaña, el segundo chofer tenía que coordinar sus maniobras, o en un segundo el camión saldría del camino, destruyendo todo lo que estaba a su paso y frecuentemente los dos choferes terminaban perdiendo la vida.

Así es con nuestras vidas. Cristo conoce el camino y guiará nuestras vidas por la senda correcta, pero tenemos que cooperar siguiendo su voluntad. Muchas personas han arruinado sus vidas cristianas cuando rehusaron seguir el camino de Cristo.

Durante la última década del siglo XIX, se efectuó una feria mundial en St. Louis, Missouri, en la que se exhibió la colección más grande de relojes del mundo. Allí tenían el reloj más grande, cuyo minutero medía alrededor de 18 metros de largo. El reloj estaba tan alto que se podía ver desde varios kilómetros de distancia. En la base de éste, el reloj más grande del mundo, había un pedestal que contenía el reloj más pequeño del mundo, un modelo suizo tan pequeño, que no era más grande que una moneda de 10 centavos.

La gente miraba el reloj pequeño, y enseguida miraba arriba al reloj grande, siempre ansiosa por ver si ambos mostraban la misma hora. Siempre había una coordinación exacta. Cuando el reloj grande daba la hora de mediodía, el reloj pequeño hacía lo mismo. Cuando el reloj pequeño indicaba las tres, así también hacia el reloj grande. Dios es como el reloj más grande del mundo. Ninguno de nosotros jamás lo igualará, pero cada uno de nosotros podemos tener una coordinación entre nuestra voluntad y la de Dios.

3. Debemos tener una determinación. Cuando asistí a la escuela elemental, leímos acerca de un personaje llamado Theodore Roosevelt como un ejemplo de perseverancia. Era muy débil cuando niño y nunca podía jugar con los niños más grandes. Siempre se mofaban de él, llamándole: "Vaya, flaco, te vas a lastimar." Al fin no pudo aguantar más y demandó que su padre le ayudara a desarrollar la musculatura de su cuerpo. Los adinerados padres le consiguieron un gimnasio, un maestro y el equipo necesario. El joven Roosevelt principió a desarrollar su cuerpo. La historia lo cuenta. Llegó a ser un guardia rural en los llanos del oeste, el líder de un famoso grupo llamado "Rough Riders" [implica que eran vaqueros domadores de caballos] durante la guerra contra España, fue presidente de los Estados Unidos, y uno de los cazadores más destacados y diestros que el mundo ha conocido —todo debido a la determinación.

Una noche durante la Segunda Guerra Mundial, viajaba en un tren entre Nueva York y Chicago. Un hombre salió de su asiento próximo al mío, dejando una revista que levanté y abrí.

Jamás voy a olvidar la historia verídica que leí. Había sido escrita por un médico militar, decía:

Un cierto día durante la guerra cuando la batalla era muy cruenta, el oficial de los médicos de guardia se dio cuenta que no podrían atender a todos los heridos. Finalmente ordenó: "No pueden traer a todos los hombres. Usen su propio juicio y ayuden a los heridos que se vea tienen una oportunidad de vivir."

Dos médicos cruzaron cerca de una trinchera cuando vieron a un joven de 19 años herido y casi muerto. Ellos dijeron: "Este no tiene oportunidad de vivir. Sigamos a buscar a otros que no estén tan mal heridos." Dieron la media vuelta para irse. Pero aunque aquel joven estaba más muerto que vivo oyó su conversación. Usando todas las fuerzas que le quedaban levantó un poco la cabeza y gritó: "No voy a morir. Voy a vivir. ¿No pueden volver y ayudarme?" Volviéndose, los médicos miraron otra vez al malherido joven. "Tal vez ni siquiera viva hasta que lo llevemos al puesto de primeros auxilios", y volvieron a decir: "Tenemos que dejarlo. Es la orden del oficial." Una vez más dieron media vuelta para seguir su camino y otra vez el joven volvió a gritar. Así, mientras lo volvieron a ver por tercera vez, uno de los médicos dijo: "Bueno, ese es su último deseo. Si estuviéramos en su lugar, tal vez nosotros pediríamos lo mismo." Levantaron su cuerpo ensangrentado y lo llevaron a la estación de primeros auxilios. Al cruzar el umbral, el joven todavía estaba vivo. Y mirando a la cara del médico decía: "No voy a morir. Voy a vivir y a volver para terminar esta guerra".

El médico que escribió ese artículo confesó que cuando vio pasar el cuerpo de aquel joven dijo para sí mismo: "Ese joven no tiene una oportunidad en mil."

Aquel joven herido tenía tanto deseo de vivir que le pusieron una inyección en el brazo y una enfermera comenzó a limpiar las heridas. Para hacer la historia corta, al fin de tres meses el joven aquel salió del hospital bajo su propia fuerza, con la ayuda de un par de muletas. El médico terminó tan dramático artículo diciendo: "Hay solamente una cosa que salvó la vida del joven, su gran determinación".

Cerré la revista, la puse otra vez sobre el asiento, e inclinando la cabeza, oré por muchos kilómetros esa noche mientras corríamos sobre los rieles a gran velocidad. "O Señor, ayúdame a tener determinación; la determinación para resistir el pecado, la tentación, y las cosas que quieren conducir mi experiencia cristiana al derrumbe. Ayúdame a tener la determinación para no poner mi mirada en las personas y en las situaciones, sino a mantener los ojos fijos en Cristo."

Nuestra única esperanza para guardarnos santificados es crecer en la gracia, ser sinceros, seguir la voluntad de Dios, y practicar la determinación.